AF509659

EDGAR QUINET

(1803-1875)

L'Œuvre — Le Citoyen — L'Éducateur

Par T. STEEG

ÉDOUARD CORNÉLY, Éditeur, 101, rue de Vaugirard, PARIS

25 centimes

EDGAR QUINET

1803-1875

L'Œuvre — Le Citoyen — L'Éducateur

———

Le 1ᵉʳ mars 1903, le président de la République, les ministres, les délégations officielles de la Chambre et du Sénat, les sociétés parisiennes de pensée libre et d'éducation populaire se réunissaient dans le grand amphithéâtre de la Sorbonne pour glorifier un homme dont le nom doit survivre dans le souvenir reconnaissant et respectueux des républicains français.

On a célébré, l'an passé, le centenaire de Victor Hugo. Il y a quelques années celui de Michelet.

Quinet mérite les mêmes honneurs.

Penseur profond, poète, historien, moraliste, il éprouva toute sa vie un même et ardent amour de la liberté, de la science et de la démocratie. Jamais il ne sépara ces trois termes. Écrivain de grande race, il voulut être et il fut l'éducateur de son pays en lui donnant l'exemple d'une vie admirable de probité intellectuelle et d'héroïsme civique, en lui enseignant l'idéal qu'il devait se proposer, en lui indiquant avec une extraordinaire pénétration les moyens qu'il avait de l'atteindre.

I

L'ŒUVRE

L'œuvre de Quinet déconcerte par son ampleur et son extraordinaire diversité. Elle choque nos habitudes, elle brise nos classifications. Cette variété n'a pas servi la gloire de l'écrivain. La spécialisation est de nos jours une nécessité de la concurrence littéraire et scientifique aussi bien qu'industrielle. Devant la multitude d'ouvrages écrits par Quinet, on ne distingua pas toujours les œuvres puissantes qui, si elles avaient été seules, auraient mieux attiré les regards et frappé les esprits.

Quinet fut victime de sa propre richesse. Il le fut aussi de l'originalité profonde, souple et vivante de sa pensée, du lyrisme éclatant de son style. Il apparut aux érudits comme un voyant, aux poètes comme un savant. Les membres des sociétés académiques virent en lui un politicien. Le haut idéalisme de ses doctrines, l'austérité intransigeante de son attitude lui valurent la sympathie un peu dédaigneuse de certains hommes politiques qui voulaient bien l'admirer sans l'imiter. Les philosophes eux-mêmes paraissent lui avoir pardonné l'enthousiasme prophétique, l'ardeur sentimentale qui animent ses idées, donnent des ailes à ses déductions, arrachent ses ouvrages aux règles de fer d'un genre déterminé.

Quinet fut un érudit scrupuleux, un poète éclatant, il fut un citoyen admirable et l'on peut dire aussi un homme

d'État courageux et clairvoyant. Il fut tout cela et tout cela
à la fois parce que tout cela est humain et que nul ne par-
ticipa plus que lui à la riche complexité de la vie qui, dans
son épanouissement harmonieux, déborde les cadres étroits
de la critique littéraire.

Quinet historien. — Historien, Quinet s'efforçait de
« dépouiller l'homme de nos jours pour revêtir l'homme
antique ». Oubliant ses idées, auxquelles pourtant il tenait
tant, ses passions les plus ardentes, il se mettait dans une
sorte d'état d'innocence intellectuelle pour se donner une
âme en harmonie avec l'époque qu'il étudiait et qu'il pen-
sait ne pouvoir comprendre qu'à la condition de commencer
par la sentir. Ses ouvrages ne sont pas prétentieusement
surchargés de notes, de renvois, de références. Toute cette
documentation que l'on étale aujourd'hui avec une indis-
crète lourdeur, il la gardait pour lui. Il ne tenait à montrer
son œuvre au public qu'après avoir enlevé les pesants et
solides échafaudages qui lui avaient permis de l'édifier,
pudeur ou coquetterie d'artiste qui n'enlevait rien à l'exacti-
tude du savant.

Par ses minutieuses investigations dans les bibliothèques,
Quinet retrouva des épopées inédites du douzième siècle
et recula ainsi de trois siècles l'horizon de notre histoire littéraire. Manin saluait le livre sur les *Révolutions d'Italie*
en déclarant que son auteur était le « Christophe Colomb »
qui avait découvert ce pays. M. Aulard, dans la leçon
d'ouverture de son cours sur la *Révolution Française*, a
rendu un éclatant hommage à la valeur non seulement philosophique mais historique de l'ouvrage de Quinet sur cette
même période.

Comment ne pas rappeler que, soit intuition géniale, soit
excellence d'une scientifique méthode, Quinet réussit à
pénétrer les secrets inquiétants de l'avenir, vit juste et

parla fort. Tant pis pour ceux qui se moquèrent de cette
nouvelle Cassandre. Dès 1831 il prévoyait la grandeur
croissante de la Prusse et annonçait Sadowa. Dès Sadowa
il prédisait Sedan et le démembrement de la France. En
1840, il avertissait la bourgeoisie et lui faisait entrevoir la
Révolution de février. A l'Assemblée nationale de 1848, il
annonçait que les arbres de la liberté bénis, par le clergé,
porteraient comme fleurs et fruits les barricades, le coup
d'État et Napoléon III.

Quinet philosophe. — Si Edgar Quinet amasse les
faits et collectionne les documents, il aime les idées
générales, il a une philosophie. Les rapports de l'homme
et de la nature le préoccupent. Il est trop artiste pour
séparer l'homme de la nature, trop moraliste pour absorber
l'humanité dans l'Univers. Il a au plus haut point la préoccupation de la conscience autonome, de l'individualité
libre et il se refuse à la laisser dissoudre dans la collecti-
vité des masses anonymes. Qu'il s'agisse de poésie, d'histoire, de religion, de politique. partout il retrouve et
exalte le rôle de l'individu qui, préparé par la nature
et l'humanité, réagit à son tour sur elles, les éclaire et les
conduit.

« L'histoire, écrit-il, dans son commencement comme
dans sa fin, est le spectacle de la liberté, la protestation du
genre humain contre le monde qui l'enchaîne, le triomphe
de l'infini sur le fini, l'affranchissement de l'esprit, le règne
de l'âme. »

Quinet n'admet pas que l'*Iliade* et l'*Odyssée*, les chefs-
d'œuvre de la poésie grecque, soient dus à l'inspiration
collective de la masse. Il les attribue à la puissante personnalité d'Homère. Il n'admet pas davantage, — et ici il
précède Renan — que Jésus-Christ ne soit qu'une symbo-
lique fiction de l'imagination populaire comme le prétendait

le docteur Strauss. A ses yeux il fut un homme, un héros qui incarna en lui les aspirations passives, les tendances de son temps, leur donna une forme réelle et visible que les légendes et les mythes plus tard transforment et déforment.

Croire à la fatalité du progrès, à la nécessité inéluctable du devenir, c'est la plus fausse et la plus dangereuse des théories. Ce sont les hommes et non les forces physiques ou les puissances économiques qui déterminent la marche des nations. Partout l'histoire nous montre l'action prépondérante de la personnalité humaine.

Est-ce que, si Washington, au lieu d'être un républicain convaincu et désintéressé, avait eu l'ambition d'un Cromwell ou d'un Napoléon, la vie morale et politique des États-Unis n'eût pas été profondément modifiée?

Nier systématiquement l'action individuelle c'est se condamner à ne pas comprendre le passé, à ne pas préparer l'avenir. « J'ai revendiqué, écrit Quinet, les droits de l'artiste, du poète, du héros. Ne disons pas trop de mal de l'individualité et de la conscience; ne nous fions pas trop du soin de sculpter de beaux marbres, d'accomplir de grandes œuvres, d'utiles actions à la force répandue dans l'Univers; il s'agit de la vie même. »

Quinet poète. — C'est encore cette opposition de l'homme et de la nature, cette affirmation de la valeur absolue de la personne, qui fait le fond des poèmes de Quinet.

Quinet en effet fut un poète. Lamartine, à propos d'*Ahasvérus*, cette œuvre étrange, qui rappelle les *mystères* du moyen âge, le *Faust* de Gœthe et dont le sujet démesuré dépasse celui de la *Légende des siècles*, disait : « On nous broierait tous dans un mortier que nous ne fournirions pas la quantité de poésie qu'il y a dans cet

homme. » Plus justement encore, Henri Heine déclarait :
« Il n'y a pas trois poètes en Europe qui aient l'imagination
de Quinet. » Imagination exubérante, qui effarait les clas-
siques, déconcertait les romantiques eux-mêmes. Mais ce
qui, plus encore que cette indépendance poétique, troubla
le public français, ce fut la gravité et la profondeur des
questions auxquelles s'attacha Quinet, en refusant de
laisser aux diverses organisations professionnelles le soin
d'explorer et d'exploiter à leur profit les régions profondes
de la vie morale.

Le Génie des religions. — Descartes, soit prudence,
soit respect, avait interdit à la raison humaine toute investigation dans le domaine religieux, trop élevé pour elle. Les
philosophes du dix-huitième siècle s'en étaient un peu
dédaigneusement écartés croyant en avoir fait le tour lorsqu'ils avaient sommairement déclaré que les religions
étaient l'œuvre de l'imposture des prêtres ou de l'habileté
des rois. Quinet essaya de traiter plus sérieusement cet
ordre de problèmes. Il s'efforça de pénétrer le *Génie des
religions* et de montrer que la vie d'une nation dépend, le
plus souvent, de ses croyances religieuses.

Montesquieu croyait que partout la religion s'accommo-
dait à la forme politique, alors qu'au contraire c'est la forme
politique qui partout s'est réglée sur le moule de l'institution religieuse.

N'est-ce pas à la toute-puissance du pape qu'il faut attri-
buer les échecs répétés des *Révolutions d'Italie*? N'est-ce
pas, au contraire, en rompant tout lien avec le catholicisme
que Marnix de Saint-Aldegonde réussit à affranchir les
Pays-Bas du joug espagnol? Les Révolutions durables et
fécondes ne se font pas grâce à une modification extérieure des institutions politiques, elles s'opèrent du dedans
par l'affranchissement intérieur des volontés fortifiées. Un

gouvernement de libre discussion ne peut se fonder que sur des habitudes de libre examen.

Poète, érudit, historien, Quinet fut par dessus tout un homme de son temps, en avance même sur son époque. S'il étudiait le passé, c'était afin d'y trouver le secret de la préparation du futur. Or, tout le lui disait, la poésie comme l'histoire, la grandeur de certains peuples comme la faiblesse de certains autres; l'avenir est ce qu'on le fait. Une nation est ce que sont les individus qui la constituent. Elle ne progresse que s'ils s'améliorent. Il ne suffit pas pour que la République existe en fait que la liberté soit inscrite dans la loi et plus ou moins superficiellement gravée sur la pierre des monuments publics. Elle reste un mot vide de sens aussi longtemps qu'elle n'a pas pénétré dans le cœur des hommes, qu'elle n'a pas occupé leur âme entière.

Le devoir urgent pour une République c'est de former des citoyens libres, c'est de former des républicains.

Qu'est-ce qu'un citoyen républicain? Quinet ne s'est pas contenté de nous l'indiquer théoriquement par ses œuvres, il nous l'a montré par ses actes. L'histoire rapide de cette noble existence nous permettra de mieux apprécier la belle sincérité de Quinet.

Ce qu'il a dit, il l'a pensé, et ce qu'il a pensé, il l'a fait. Sa vie est la plus lumineuse, la plus émouvante et la plus parfaite illustration qui se puisse rencontrer de la sincérité de ses théories.

II

L'HOMME — LE CITOYEN

La jeunesse de Quinet. — Quinet naquit à Bourg, dans le département de l'Ain, le 17 février 1803. Son père était commissaire des guerres sous la République et pendant les premières années de l'Empire. A trois ans il va avec sa mère rejoindre son père alors attaché à l'armée du Rhin. Il vit au milieu des soldats qui le nomment *l'enfant du drapeau*. Ses jeux sont tout militaires. A huit ans, il est élève au collège de Charolles. Il n'y apprend pas grand'chose. Son professeur, ancien capitaine de dragons, emploie les classes à raconter des manœuvres de cavalerie. En 1812, l'avoine, l'orge, le foin pour les chevaux de la grande armée remplacent les élèves. Bientôt c'est l'invasion, et après avoir suivi les troupes françaises en Allemagne, le jeune Edgar Quinet put voir les soldats autrichiens campés dans la maison de son père. Ces faits frappèrent sa vive imagination. Le 18 Brumaire avait amené Waterloo. Après le 2 Décembre 1851, il attendra, avec une douleur frémissante Sedan, et le nouvel envahissement de son pays.

Quinet n'accepte pas la Restauration. Il refuse d'entrer à l'École Polytechnique pour ne pas servir le drapeau blanc. Il vient à Paris, fait des études de droit, de lettres, et se lie d'une amitié touchante — et qui devait durer aussi longtemps que leur vie — avec Michelet. Un voyage en Allemagne lui permet de pressentir la future et redoutable grandeur de ce pays. Au retour d'une mission scientifique en Grèce, il pleure de joie à la vue du drapeau tricolore rétabli par la Monarchie de juillet. Mais le nouveau régime lui cause une profonde déception en ne donnant pas plus de liberté à la démocratie que de grandeur à la France.

Quinet professeur. — En 1838, Edgar Quinet entre dans l'enseignement public comme professeur de littérature étrangère à la Faculté des lettres de Lyon. La hardiesse de ses idées, l'éclat de son talent, l'originalité avec laquelle il aborde des questions généralement abandonnées

à l'examen partiel des ministres des cultes obtiennent un
succès tel que le ministre de l'instruction publique créa
pour lui une chaire à Paris au Collège de France. Et pourtant Quinet ne s'était pas montré un courtisan du pouvoir :
il venait de publier un *Avertissement au Pays* où il disait
à la couronne toute la vérité, annonçait à la bourgeoisie
enrichie que son égoïsme lui serait funeste, car le prolétariat
serait amené à la traiter en ennemie. Il adjurait le peuple
français de « consentir à être ce que la nature l'a fait, le
peuple de la démocratie par excellence ».

Le cours sur les Jésuites. — Quinet n'avait accepté
la chaire qui lui était offerte au collège de France qu'à la
condition de conserver une entière liberté de penser et de
parler. De concert avec ses deux collègues Michelet et
Mickiewicz, il entreprit d'être le guide de la jeunesse française vers la liberté. Il ne se laissa arrêter ni par les préjugés fanatiques ni par les timidités des salons de la bonne
société. Appelé à étudier les peuples de l'Europe méridio-
nale, il crut voir que tous avaient été arrêtés dans leur
développement et leur émancipation par l'influence néfaste
qu'avaient exercée sur eux les doctrines et les pratiques
stérilisantes des Jésuites. Les six leçons que Quinet con-
sacra à la Compagnie de Jésus furent autant de batailles
mouvementées. Les cléricaux avaient envahi l'amphithéâtre
et accueilli le professeur par des vociférations. Sa fière
attitude les obligea à l'écouter. La jeunesse libérale enthou-
siasmée réussit à forcer l'armée de Jésus au silence et à la
fuite. Ce cours de Quinet eut un retentissement extraordinaire en France et en Europe. L'archevêque de Paris, les
évêques entreprirent contre le professeur une violente cam-
pagne. Il ne se laissa émouvoir ni par les foudres pontifi-
cales, ni par les sollicitations du gouvernement timoré. Les
leçons suivantes furent consacrées à l'*Ultramontanisme*,

la *Société moderne* et l'*Église moderne*. Il démontrait l'incompatibilité du catholicisme et des idées de la Révolution; au dogme de l'infaillibilité du pape il opposait la doctrine nouvelle de la souveraineté populaire. M. Guizot commençait à s'émouvoir des réclamations du parti clérical, de la hardiesse éloquente, de la popularité grandissante du professeur. N'osant l'attaquer de face, il eut recours à une manœuvre oblique en modifiant, sans l'assentiment de Quinet, et même contrairement à sa volonté formellement exprimée, le titre de son cours.

Au nom de la sincérité scientifique, le professeur refusa d'accepter cette limitation apportée à la liberté qu'on lui avait promise. La chaire se trouva vide. La jeunesse studieuse fit une ovation grandiose à l'homme qui, fort de son droit, se dressait simplement en face des habiletés équivoques des ministres de Louis-Philippe.

Quinet pendant la seconde République. — Quinet prit à la Révolution de ~~juillet~~ une part très active. Ce savant, ce poète lyrique, cet érudit scrupuleux entra un des premiers dans les Tuileries un fusil à la main. La réouverture de son cours eut lieu aussitôt après. « Au nom de la République, s'écria-t-il, nous rentrons dans ces chaires. La royauté nous les avait fermées. Le peuple nous y ramène. » Et il prononça un admirable discours.

Le département de l'Ain l'envoya par 55.268 suffrages à l'Assemblée nationale. Il y siégea à gauche. Sa science, son ardent républicanisme lui firent discerner tous les écueils et lui permirent de signaler tous les dangers qui menaçaient la démocratie. La Révolution de février n'avait pas rompu définitivement avec l'Église, elle avait appelé sur elle la bénédiction du clergé. Elle devait en mourir. En même temps que la réaction cléricale, Quinet dénonça le péril du césarisme renaissant. Il demanda que le président pas de son obsession que résume cette phrase écrite à Jules Favre : « *Il y a eu un Deux Décembre, nous ne devons pas l'oublier.* »

Bien qu'il les eut attendus, les désastres de 1870 bouleversèrent Quinet. L'empereur ayant abdiqué, la République proclamée, il rentre à Paris, prend part à la défense, essaye d'exciter l'activité incohérente des chefs, adresse aux Allemands un appel aussi généreux qu'inutile et pousse à la lutte à outrance. Élu à l'Assemblée nationale par le département de la Seine, il fait entendre à Bordeaux, au nom des principes, une protestation contre l'abus de la force entre nations. Il vote avec l'extrême-gauche sans compter trop sur des députés qui veulent établir la « République sans les républicains », donne à grand peine son assentiment à la Constitution de 1875 et meurt cette même année, le 27 mars 1875.

Obsèques de Quinet. — Victor Hugo, Gambetta. — Les obsèques de Quinet furent civiles. Le gouvernement ne lui fit pas rendre les honneurs militaires auxquels il avait droit comme officier de la Légion d'honneur. L'Assemblée nationale n'envoya pas de délégation. Tout le peuple de Paris y assista. Victor Hugo et Gambetta célébrèrent, comme il le méritait, le noble penseur et le grand citoyen.

... « Je le salue, dit Victor Hugo, parce qu'il a été citoyen, patriote, homme, triple vertu. Le penseur doit dilater sa fraternité de la famille à la patrie et de la patrie à l'humanité... Je salue Edgar Quinet parce qu'il a été généreux et utile, vaillant et clément, convaincu et persistant, homme de principe et homme de douceur, tendre et altier ; altier devant ceux qui règnent, tendre pour ceux qui souffrent... Oui, les magnanimes lutteurs comme Quinet ont bien mérité du genre humain. Devant un tel sépulcre affirmons les hautes lois morales. Écoutés par l'ombre généreuse qui est ici, disons que le devoir est beau, que la probité est sainte, que le sacrifice est auguste, qu'il y a des moments où le penseur est un héros, que les révolutions sont faites par les esprits et que ce sont les hommes justes qui font les peuples libres... »

Gambetta exprimait la gratitude émue de sa génération dans un superbe discours dont voici un court passage : « Quinet était parmi nous comme un grand dépositaire des théories, comme un grand interprète des principes de la Révolution française. Sans fanatisme, sans passion, ce qu'il avait surtout voulu appliquer, c'était moins telle administration ou telle politique que de nouvelles lois morales. La Révolution française était surtout, à ses yeux, une grande révolution morale. C'est par là que Quinet laissera un enseignement toujours fécond, toujours utile, car nous aurons encore dans notre lutte pour le progrès et la justice bien des traverses et des tâtonnements. »

III

L'ÉDUCATEUR DE LA DÉMOCRATIE

Quinet est le « *grand interprète des principes de la Révolution* », dit Gambetta. Rien n'est plus vrai. C'est au nom de leurs propres principes qu'il blâmera les hommes de la Révolution lorsqu'ils s'y montreront infidèles. Ce sont ces principes qui doivent constituer une sorte de religion nouvelle qui ne s'imposera pas du dehors au nom d'une autorité extérieure ou d'une prestigieuse révélation mais qui naîtra du développement de la conscience, de la lumière, de la raison. Si Quinet suit avec une curiosité émue, une sympathie passionnée. l'histoire de l'humanité. c'est qu'à travers ses incertitudes. ses saccades, ses reculs ou ses violences, il la voit aspirer lentement, sourdement vers la Révolution.

Les principes de la Révolution. — Michelet, l'ami de Quinet, a écrit quelque part : « Révolution, ma mère, que vous étiez lente à venir. » Quinet lui s'étonnerait plutôt et s'affligerait davantage de la lenteur avec laquelle elle s'installe et s'organise, de la force que conserve toujours la Contre-révolution. Pourquoi après l'aurore lumineuse des temps modernes, le retour aux épaisses ténèbres du moyen âge? Pourquoi après l'affirmation solennelle de la démocratie le retour de la théocratie? Pourquoi après la Constituante, la Législative et la Convention, le Directoire, le 18 Brumaire et l'Empire? Pourquoi après Lamartine, Ledru-Rollin et la proclamation du suffrage universel, celui-ci amena-t-il la réaction cléricale avec M. de Falloux et la loi de 1850 qui ouvre à Louis Napoléon les portes de l'Elysée? Pourquoi après le 4 Septembre 1870 avons-nous les menaces d'une restauration monarchique? Pourquoi ces alertes constantes. ces arrêts incessants sur la route du progrès, sinon parce que la France malgré 1789, malgré 1848. malgré 1870, ne s'est pas suffisamment pénétrée des principes de la Révolution? Pourquoi? Sinon parce que l'éducation de la démocratie n'a pas été tentée ou est demeurée insuffisante.

La Révolution avait proclamé les *Droits de l'homme et du citoyen*. Il fallait faire mieux : former des hommes et des citoyens. La Révolution eut le sentiment de cette œuvre urgente. Le temps ou les moyens de la réaliser lui firent défaut. Il ne suffit pas de transformer les institutions politiques, il faut révolutionner les esprits. redresser des

volontés pliées par plusieurs siècles de servitude pour les
appeler à l'usage viril et réfléchi d'une réelle liberté.

Nécessité d'une éducation démocratique. — L'éducation seule est une puissance révolutionnaire. Seule elle
pourra fonder la République et la démocratie dans les institutions en les gravant profondément dans les intelligences
et les volontés.

« La vraie tradition de liberté ne s'extirpe si facilement
chez nous que parce qu'elle est venue trop tard à la surface
dans les intelligences, et seulement par les tempêtes.
Faisons qu'elle se confonde avec nos premières notions ;
elle sera pour nous une des racines de l'existence. Enfouis-
sons le bon grain plus profondément ; les vents ne l'empor-
teront plus. »

Patriotisme de Quinet. La patrie et l'humanité. —
Quel sera l'objet de cette éducation démocratique indis-
pensable ? Elle devra d'abord et avant tout inspirer aux
enfants et aux hommes l'ardent amour de leur patrie.
Quinet comme Michelet, comme Hugo, ne sépare pas
l'affection profonde, spontanée, irréfléchie, qu'il éprouve
pour le sol de son pays, de son culte de l'humanité.
Quinet parle avec une émotion touchante des campagnes
de l'Ain où il vécut ses premiers jours et après la guerre,
revenu en France, il visita les diverses régions de son pays
en artiste et en amant. Mais il chérissait plus encore que
cette patrie physique, il était attaché de toutes les forces
de son être à ces idées généreuses que les penseurs du dix-
huitième siècle développèrent dans une langue incisive et
que les héros de la Révolution s'attachèrent à réaliser.
Quinet voyait dans la France l'ouvrière active, toujours
arrêtée, mais toujours infatigable du progrès de l'Humanité. Il ne voyait pas dans la Révolution l'effort res-

pectable, sans doute, d'une nation cherchant à s'assurer un plus grand bien-être, mais l'affirmation solennelle du droit de la démocratie à se gouverner librement elle-même.

« *Je rêve pour la France la gloire de devenir l'idéal des peuples modernes.* » L'émulation entre les peuples lui paraissait une condition du développement de l'humanité. Ce concours fécond devait entraîner un effort joyeux de tous et non des haines inexpiables et de désastreux conflits. Un abaissement de la France ne pouvait produire qu'une diminution de l'humanité. Quinet aurait volontiers repris pour lui-même ces vers de Hugo :

> Je tiens de ma patrie un cœur qui la déborde
> Et plus je suis français, plus je me sens humain.

Si Quinet aime la France, ce n'est pas seulement parce qu'elle est sa patrie. C'est qu'il se fait de son rôle dans le monde une haute et fière idée. Elle doit être « l'idéal des peuples modernes », « le peuple de la démocratie par excellence », le foyer de la liberté. Elle gardera l'amour de l'héroïsme qui ne se confond pas — et la distinction mérite aujourd'hui d'être maintenue — avec le militarisme.

« L'héroïsme est de tous les moments, de toutes les situations, parce qu'il a son siège dans l'âme; il ne connaît ni fatigues, ni découragement, ni dégoût; toujours le même, toujours prêt, toujours en éveil.

« Le militarisme, au contraire, a ses moments, ses heures, tantôt exalté, tantôt abattu. C'est une profession, le métier des armes, non pas un état de l'âme ; et de là, il est soumis aux divers changements que tout métier entraîne avec lui; il se lasse, il s'use, il se dépite. Il n'est pas au-dessus des découragements qui suivent les désastres... »

Enseignement de la liberté. — Si l'éducation démocratique doit former des Français, encore faut-il que ces Français soient des hommes libres. On doit donc enseigner la liberté.

La liberté, dira-t-on, se donne et ne s'enseigne pas. Il suffit de l'inscrire dans la Constitution, de proclamer le suffrage universel pour que chacun participant plus ou moins directement à la conduite des affaires publiques, tous soient également libres. Or, aux yeux de Quinet, cette liberté politique risque fort de n'être qu'une illusion, une dangereuse duperie si elle ne s'appuie sur la liberté intellectuelle ou la liberté morale. Comment les actes pourraient-ils être libres si l'intelligence qui les éclaire, la volonté qui les dicte sont asservies, si les citoyens sont esclaves de tous les préjugés du passé, si leur ignorance les met à la merci de phrases vides, de sonores mensonges, s'ils abdiquent toute conscience et toute initiative entre les mains d'une organisation puissante qui, sous prétexte de les préparer à gagner le ciel, commence par les conduire sur cette terre en leur disant ce qu'ils doivent croire et ce qu'ils doivent faire.

La liberté de penser. — La liberté politique exige la liberté de penser. Or celle-ci existe peu ou n'existe pas à cause de l'ignorance, ignorance involontaire chez les uns, ignorance coupable, préméditée, créée chez les autres et Quinet nous montre comment la bonne société d'une part, l'Église de l'autre, s'opposent à l'émancipation des esprits. Le fidèle n'a besoin de rien savoir, le prêtre est son guide. Quant à l'homme du monde « il veut ignorer l'A B C de la justice et de la raison, il emploie ses ressources, sa fortune, ses lumières acquises, à s'aveugler volontairement, il y réussit à merveille, comble son intelligence d'idées fausses ou mortes, de préjugés fossiles, à force de routine, d'endurcissement, se fait une âme de pierre, fermée à toute pitié, à toute humanité, et devient incapable de concevoir une seule des notions nécessaires à l'État moderne ». Or un devoir s'impose à tous, c'est de cultiver en soi et dans les autres la droiture de l'esprit, d'inspirer l'horreur des sophismes. La liberté exige que l'homme n'aille pas demander son mot d'ordre à une révélation surnaturelle, qu'il ne reçoive pas une consigne extérieure d'un journal, d'une mode, du pape ou de ses délégués. C'est en lui-même, dans le silence recueilli d'une réflexion difficile et sincère, qu'il doit chercher le principe de sa conduite, la source vivifiante de sa liberté.

Qui pourra se charger de donner cette éducation de liberté qu'exigent les modernes institutions politiques ? Qui est capable, en France, de former des citoyens libres ?

L'Église et la démocratie. — Sera-ce l'Église ? Non, répond Quinet, et sa réponse est d'autant plus intéressante qu'il est à sa manière profondément religieux. L'Église a bercé la France sur ses genoux, apaisé ses douleurs au son de sa vieille chanson, calmé ses impatiences, ses curiosités hérétiques, ses velléités d'indépendance au moyen d'un formidable appareil de tribunaux de tortures et de bûchers. Elle fut la grande éducatrice de la France du moyen âge. Aujourd'hui on ne peut plus lui confier l'enseignement public, on doit même l'exclure de tout enseignement dans une démocratie qui veut être républicaine.

L'Église, malgré sa puissance ou à cause de sa puissance, ne doit pas être chargée de former des individus libres. Elle ne le peut à cause de sa doctrine, elle ne le peut à cause de son organisation.

La liberté suppose le choix. Le choix suppose une multiplicité de théories en présence. Comment l'Église, qui reçoit une vérité révélée, vérité sacrée, accepterait-elle de confronter cette lumière céleste avec les affirmations incertaines et relatives de la débile intelligence humaine? L'Église propose et impose des doctrines de salut; elle les distribue généreusement, mais ne saurait admettre qu'on les discute ou qu'on cherche à les vérifier. Elle exige une abdication totale de l'esprit entre les mains des détenteurs infaillibles de l'absolue vérité dans l'ordre religieux. Or celui-ci domine tout le reste aux yeux de Quinet. « Les affaires humaines sont dirigées par la puissance cachée des institutions religieuses et c'est une chose à laquelle l'homme n'a pas encore réussi d'établir la liberté politique sur la servitude religieuse. »

L'Église ne peut pas enseigner la liberté à cause de son organisation. Les fidèles sont soumis aux prêtres, eux-mêmes soumis à des chefs, soumis à leur tour au souverain pontife et tous à un caractère surnaturel et divin. Comment concilier la monarchie théocratique et la république? Tâche absurde que, depuis plus de cent ans, des hommes politiques ont cru habile de tenter. Ils ont cru pouvoir employer l'Église au succès de leur dessein et, en affichant pour elle le plus grand respect, la désarmer ou l'utiliser. « Pensée bien légère, dit Quinet, de se figurer que par quelques réticences on ruinera cette institution... Religion, établissements surannés, force accumulée du passé, on ne triomphe pas de ces choses par un triomphe oblique. »

Timidité de la Révolution. — Les hommes de la Révolution eux-mêmes, et Robespierre et Camille Desmoulins se montrèrent timides. Camille Desmoulins s'écriait : « Les rois sont mûrs, le bon Dieu ne l'est pas encore », et Robespierre adjurait ses collègues d'être prudents en leur disant : « Vous avez à abattre les tyrans, ce n'est pas le moment d'attaquer l'Église. » Quinet lui eut certainement répondu que le seul moyen d'abattre les tyrans, c'était d'atteindre l'institution d'asservissement intellectuel, précieux instrument de la tyrannie politique. « Contradiction monstrueuse ! Un peuple appelle le monde à un ordre nouveau et dans le même temps s'ensevelit dans l'Église par laquelle subsistent tous les ordres anciens. » La Révolution ne sut pas rompre avec le passé et alors qu'un si vif mouvement de liberté l'entraînait vers les temps nouveaux, elle laissa ralentir, compromettre, arrêter même sa marche en restant attachée aux lourdes organisations du moyen âge, en n'osant pas prononcer contre la papauté la condamnation que l'Univers avait entendue trois siècles auparavant. La France, telle Brunehaut, s'est trouvée écartelée, puis déchirée entre la théocratie romaine et la démocratie moderne. Elle en mourra si l'on ne coupe pas résolument le lien qui rattache l'Église à l'État. « Elle est emportée par un vif mouvement de liberté ; mais une énorme puissance de servitude l'entraîne en même temps par sa masse : d'où il résulte que ses élans les plus fiers d'indépendance n'aboutissent souvent qu'à la faire graviter vers un violent servage. »

Par la constitution civile du clergé on crut rapprocher des principes contradictoires, en cherchant à organiser démocratiquement l'Église, en faisant élire les prêtres par les fidèles. Mais comment l'élu de Dieu accepterait-il de devenir le représentant provisoire des hommes ? Sa dépendance vis-à-vis du pape garantit sa toute-puissance sur les croyants. Ce n'était pas le prêtre, c'était les fidèles qu'il fallait émanciper. Aussi longtemps que cette émancipation n'aura pas été faite, une seule solution est acceptable, c'est celle qui consiste à séparer nettement la société civile et la société ecclésiastique, à distinguer l'ordre de l'enseignement et celui du prosélytisme confessionnel et à n'admettre aucune action de celui-ci sur celui-là. Sinon, le sang vieilli d'un organisme en décadence arrêtera les élans généreux de la nouvelle démocratie. Toute conciliation entre le passé et le présent, la liberté et l'Église est impossible.

« Avec la meilleure volonté du monde, tous les physiciens du globe empêcheront-ils l'aiguille aimantée de tourner vers le Nord, de même, tous les prêtres de l'univers ne sauraient empêcher l'esprit de l'Église catholique de tourner vers l'absolutisme. »

L'Enseignement national doit être laïque. — La multiplicité même des religions s'oppose à ce que l'on admette soit l'une d'elles, soit toutes ensemble, à l'œuvre décisive de l'éducation démocratique.

Jadis il y avait religion d'État, religion unique.

Elle pouvait être, elle était souvent un principe d'action et d'unité nationales. Aujourd'hui, personne n'oserait réclamer publiquement la suppression de la liberté des cultes bien qu'en fait ce droit profite surtout aux organisations les plus puissantes. Multiples, les religions s'opposent, doivent s'opposer les unes aux autres. Chacune, forte de la possession de l'absolue vérité, rejette, excommunie tout ce qui ne se rattache pas à elle. Les religions divisent. Comment leur demander de former des hommes qui puissent s'aimer et s'estimer en dehors de toute préoccupation confessionnelle ? Comment leur demander de traiter comme accessoire ce qui est à leurs yeux essentiel ? Comment exiger qu'elles mettent au même rang la vérité et l'erreur, l'hérésie criminelle et la foi sacrée, le bien et le mal, le vice et la vertu ? Là où les cultes sont libres, le catholicisme critique le protestantisme qui le lui rend, tous deux condamnent le judaïsme qui, fier de son antiquité, les méprise. Enfin. il est permis d'accepter toutes ces critiques, d'additionner ces condamnations et de rejeter le protestantisme et le catholicisme au nom du judaïsme et le judaïsme au nom du christianisme.

« Nulle Église particulière n'étant l'âme de la France, l'enseignement qui doit répandre l'âme de cette société doit être indépendant de toute Église particulière. »

Si l'enseignement du peuple n'est pas laïque. il ne peut être qu'une excitation aux déchirements intérieurs, à la guerre civile et religieuse. « Que deviendrait le pape, s'il professait le plus grand respect pour Mahomet? Que deviendrait Luther s'il déclarait que le dogme du papiste a une valeur égale au sien?... »

Concluons avec Quinet : « Dans les États où la liberté des cultes est réelle. les clergés perdent tout droit de diriger l'éducation. Ils ne pourraient le faire sans détruire par la contradiction où ils sont à l'égard les uns des autres. la matière même de tout enseignement...

« La société, admettant également toutes les croyances. les repoussant toutes également comme direction exclusive, déclare par là que l'esprit nouveau qui habite en elle est l'opposé de l'esprit sectaire... Qui enseignera à cette nation à vivre d'un esprit étranger à toute secte? Est-ce la secte? »

Rôle de l'État. La liberté d'enseignement. — L'enseignement laïque sera public, donné par l'État. Malgré son irréductible individualisme. son amour passionné de la liberté, c'est à l'État que Quinet veut confier l'éducation de la démocratie. En 1849, il combattit sans succès la loi Falloux et défendit l'Université contre les attaques du parti clérical. Déjà il montrait le sophisme qui se cache sous les protestations intéressées et suspectes de l'Église en faveur de la prétendue « liberté » d'enseignement. Sans doute il y a des libéraux sincères qui sont dupes du mot parce qu'ils font abstraction des éléments réels dont se compose la société française. En face de l'Église, puissante par son long passé, ses légendes terribles ou touchantes, son organisation vigoureuse, sa hiérarchie savante, que pourrait l'individu isolé ? Rien n'est plus d'actualité que la discussion de Quinet.

« Il y a deux plateaux dans la balance, non pas un seul ; ici un individu sans lien, sans appui ; là une hiérarchie qui est un monde. C'est se moquer que de dire au premier : je te permets d'entrer en lice avec cette organisation immense. Tu es seul, elle est multiple. Tu es faible, elle est toute-puissante. N'importe ! fais à ton gré ; tu demandais la liberté ? Je t'en donne le mot, cela doit te suffire. »

Gratuité de l'enseignement. — L'enseignement sera laïque, sera public, sera gratuit. Sur ce point comme sur beaucoup d'autres, Quinet rejoint le grand Condorcet, et il trace, dès 1849, le programme dont la troisième République a commencé l'exécution, grâce à la volonté persévérante de Jules Ferry et de Ferdinand Buisson.

L'enseignement sera gratuit afin que l'on n'ait pas l'école des pauvres et celle des riches, que les enfants ne se sentent point partagés comme autrefois en Italie, en peuple *maigre* et en peuple *gras*, et qu'il y ait au moins un moment où les enfants oublient nos fatales divisions. Rapprochés sous le toit d'une même école, oubliant toute opposition de secte, toute division de classe, qu'ils aient au moins pendant quelques années l'idée de ce que devrait être une fraternelle démocratie.

Éducation des femmes. — L'union ne doit pas se faire seulement dans la cité, il faut qu'elle se réalise aussi dans la famille. Cet enseignement public laïque et gratuit ne sera pas le privilège des garçons, il devra être largement distribué aux filles pour que disparaissent les conflits, ridicules mais douloureux, qui trop souvent résultent de la différence des éducations. Il faut surtout que l'on cesse de considérer la femme comme une sorte de jouet aimable, d'objet de luxe agréable, et que l'on comprenne la grandeur et l'influence de son rôle dans une démocratie. Il faut graver, dès les premières années, dans les âmes l'amour réfléchi de la liberté. Qui mieux que la mère peut s'acquitter d'une semblable tâche ? Comment émanciper les fils si les mères demeurent serves ?

« Élever des hommes, c'est beaucoup, sans doute ; ce n'est rien, si vous n'élevez des femmes.

« *Les hommes feront des lois, les femmes seules feront les mœurs.* » Or, actuellement, la femme française est partagée entre la dévotion et la recherche du bien-être. « Car c'est une chose étrange qu'une religion que l'on donne pour spiritualiste s'allie si aisément à la recherche fiévreuse du confortable et de toutes les délicatesses de la matière... » Situation grave, car le progrès, quoi qu'on en dise, dépend non du mari, mais de la femme. Elle concourt avec l'homme à enfanter les sociétés. « Les femmes portent sur leur giron non pas seulement les enfants mais les peuples... Ravaler la femme, c'est ravaler l'homme... Si l'homme est né pour connaître et penser, il est ridicule de dire que la femme est faite pour être reléguée en dehors de toute occupation intellectuelle et de toute connaissance... »

« Les femmes peuvent beaucoup pour la régénération de la France, pour l'installation durable de la démocratie et de la liberté. Actuellement, par leur éducation de couvent, elles prennent naturellement et nécessairement pour idéal une âme de jésuite. » Cette âme-là se répand dans toutes les conditions civiles ou militaires. N'attendez pas qu'elle devienne l'âme de la nation. Pour écarter ce péril, que la femme recherche les belles choses et surtout qu'elle s'éprenne de vérité, qu'elle s'attache à la sincérité, à la liberté de l'esprit.

« S'il était avéré un seul jour que les Françaises préfèrent la force de l'âme aux capitulations quotidiennes, l'être au paraître, le caractère au petit savoir-faire, le courage à la défaillance, la vie de l'esprit à la routine, la noblesse du cœur à l'art de parvenir, la sincérité à la rouerie, la simplicité au charlatanisme ; s'il était entendu un seul jour que la plus grande qualité à leurs yeux n'est pas l'habileté mesquine, que l'honneur est au-dessus du succès : si c'était leur foi civile, les hommes se rangeraient bien vite de ce côté. La régénération des Français serait accomplie presque aussitôt qu'entreprise. »

Admirable programme, étrangement actuel. Le mal reste le même. Le remède n'a pas changé, mais il faut pour l'employer de la persistance et de la hardiesse. Les républicains doivent reprendre l'idéal magistralement indiqué par Quinet. Il pourra longtemps encore nous servir de phare lumineux.

Morale laïque et liberté. — Quinet, un des premiers en France, affirma sa confiance dans la vertu efficace d'une liberté réelle. Descartes avait affranchi avant lui la pensée humaine de l'autorité d'Aristote et de la scolastique, mais il lui avait interdit toute investigation dans l'ordre des problèmes politiques et religieux. Quinet ne croit pas qu'on puisse faire sa part à la liberté ; elle n'est rien si elle n'est tout. Elle ne peut s'exercer dans le domaine scientifique et philosophique si elle n'existe au point de vue religieux et politique. C'est à l'individu lui-même, à l'homme pensant, qu'il appartient de se former ses croyances religieuses et ses convictions politiques, en s'adressant non à un monarque. non à un pontife, mais à sa conscience et à son jugement. Ce n'est pas de la foi mais de la bonne foi que nous devons attendre la loi de notre activité individuelle et sociale.

Cette morale laïque n'appuie pas ses affirmations sur l'échafaudage grandiose et parfois vermoulu de croyances fragiles, elle ne suspend pas ses préceptes dans l'immensité des cieux, peut-être déserts. Elle cherche dans les faits, dans la réalité complexe et vivante, les lois qui doivent régir les rapports de l'individu à la famille. à la cité, à l'humanité. Cette morale s'appuie sur la science qui rapproche les esprits et non sur les religions qui les opposent. Elle n'est pas une doctrine de contemplation mystique, d'ascétisme stérile, de résignation mortifiée, elle est une morale d'effort viril. de courage joyeux. de travail continu, créateur de beauté. de justice et de vérité.

L'idéalisme moral de Quinet. — On a souvent raillé l'austérité raide, l'idéalisme sévère de Quinet. On l'a présenté comme une espèce de sermonneur chagrin, de prêtre morose d'une nouvelle religion, froide et sèche qui n'aurait pas pour elle la grâce émouvante et l'enveloppante splendeur des cérémonies traditionnelles du catholicisme.

Jugement erroné s'il en fut. Quinet n'a rien de l'ascétisme monacal, rien d'un moralisme surhumain. Nul plus que lui n'a senti et aimé les beautés de la nature, apprécié les chefs-d'œuvre de l'art, les joies de la vie s'épanouissant dans l'immensité de l'Univers, dans les sublimes créations du génie humain. « Chaque jour, écrivait-il, la justice m'a paru plus sainte, la liberté plus belle, la parole plus sacrée. l'art plus réel, la réalité plus artiste, la poésie plus vraie, la vérité plus poétique, la nature plus divine, le divin plus naturel. »

Quinet a cru à la puissance des idées. à l'action des

individualités énergiques. Par ses œuvres, par sa vie, il a exalté le courage civique, la probité intellectuelle, la vaillance morale.

Quinet et le socialisme. — Si Quinet nous paraît à certains égards éloigné de nous, c'est qu'il n'a peut-être pas suffisamment vu l'influence des faits économiques sur les progrès des civilisations. Certes il n'aurait jamais admis les doctrines marxistes qui expliquent les institutions politiques, religieuses et morales par les seules lois de la production et de la distribution des richesses. L'homme politique doit, d'après lui, travailler moins à bouleverser les conditions sociales qu'à révolutionner les volontés. Les révolutions intérieures sont les plus efficaces.

Si la Révolution française fut grande, c'est qu'elle a été une révolution morale, c'est qu'elle ne fut pas une simple « crise alimentaire », sinon elle eût été terminée le 4 août par l'abolition des droits féodaux. La démocratie qui commence à prendre conscience de son existence, de sa force et de son droit, doit aussi se rendre compte de son devoir. Il ne s'agit pas seulement pour elle d'améliorer sa situation matérielle, de chercher un pain meilleur, elle a une tâche plus haute et plus difficile. Il ne s'agit pas pour elle de recommencer à sa manière l'œuvre des seigneurs sous l'ancien régime et de la bourgeoisie après 1830. Elle a plus et mieux à faire.

... « Oui, si je pensais que la démocratie n'eut rien autre chose à faire qu'à augmenter et imiter la bourgeoisie, je serais volontiers d'avis qu'il est assez de bourgeois dans le monde et je m'en tiendrais à ce que je vois. Il en est qui croient que le jour du repos commencera pour le peuple au jour de l'émancipation ; et moi, je crois, au contraire, que c'est alors que commencera pour lui le vrai travail, le dur labeur. En naissant à la vie politique et sociale, il naîtra à l'inquiétude, à la douleur, aux incommensurables soucis. Voilà à quoi il faut qu'il se prépare, non pas au miel de la terre promise... Il vous faudra souffrir tous les maux de l'âme et du corps pour relever ce pays et résister à ses nombreux ennemis ; il vous faudra labourer sans relâche, dans un sol plus dur que celui de vos sillons, semer les pensées de vos cœurs pour faire germer l'épi glorieux que vos fils moissonneront... Ou vous mériterez le trône de l'avenir, ou vous ne l'occuperez pas. Ou vous serez meilleurs que vos maîtres, ou vous ne les remplacerez pas. »

Certes on comprend que Quinet ne désire pas voir augmenter le nombre des jouisseurs égoïstes qui, au lieu de faire de la richesse l'instrument de la pensée, enchaînent leur intelligence à l'adoration de l'argent. Mais il n'a pas assez vu que les transformations d'ordre industriel et économique substituent souvent aux tyrannies anciennes et défaillantes, des servitudes nouvelles tout aussi lourdes. Dans son désir d'assurer l'amour de la liberté pour elle-même, il ne s'est pas aperçu qu'elle exige des conditions non seulement intellectuelles et morales mais matérielles et économiques. L'esclavage de la faim n'est-il pas aussi redoutable que celui de l'ignorance ? L'éducation démocratique tout en conservant le noble idéal formulé par Quinet doit de plus en plus se préoccuper des moyens pratiques d'en faciliter la réalisation.

Le programme n'en a pas moins été tracé avec autant d'éloquence que de patriotique clairvoyance, dès 1849, au moment même où l'Église, par le vote de la loi Falloux, se disposait à mettre sa lourde main sur la jeunesse de notre pays.

Les fêtes qui se donnent en l'honneur de Quinet, la proposition votée sur la proposition de MM. F. Buisson et Henri Brisson à la Chambre, de M. Berthelot au Sénat, prouvent combien reste urgente l'œuvre de régénération de la France par la science, la liberté et la démocratie. L'obligation scolaire est posée dans la loi ; en fait elle n'est nulle part appliquée. Plus de la moitié des jeunes Français sont soumis à l'influence d'une éducation confessionnelle qui leur enseigne le mépris ou la haine de leurs compatriotes incroyants ou hérétiques, qui les dresse à l'obéissance passive vis-à-vis du souverain pontife, « l'éternel étranger », comme l'appelait Quinet. La gratuité n'existe que dans les écoles primaires. L'égale accessibilité de tous les Français aux fonctions et emplois publics proclamée par la *Déclaration des Droits de l'homme* n'est pas une vérité. L'enseignement des filles est sans doute un progrès mais que de complaisances, de faiblesses, de compromissions ne détermine pas dans les établissements publics l'obsédante préoccupation de la concurrence des maisons libres ! Qui oserait affirmer que la crainte de déplaire, le respect des préjugés anciens, le souci de ne pas froisser « la bonne société » ne troublent jamais la netteté d'esprit et la décision de caractère de ceux ou de celles qui sont chargés de former les femmes républicaines d'une démocratie laïque ?

Quinet écrivait en 1849 *l'Enseignement du peuple*, en 1872 *la République*. Il s'en faut de beaucoup que les réformes qu'il préconisait soient toutes exécutées. Mais nous pouvons nous consoler en songeant qu'en 1849 Quinet seul ou presque seul votait un amendement en faveur de l'en-

seignement laïque. En 1872 navré de sentir son isolement à
l'Assemblée nationale, il quittait Versailles pour visiter la
France. Aujourd'hui, une majorité parlementaire semble
approuver les idées de Quinet; plus frappée que lui par
l'importance des facteurs économiques elle pourra, sans rien
oublier de son généreux idéal, travailler à le faire descendre
dans les faits, en assurant à tous le minimum des conditions d'une liberté vivante et agissante non pas abstraite
et nominale.

Glorifier Quinet n'est pas une simple manifestation de
respectueuse gratitude, c'est encore un acte de sagesse,
c'est un engagement formel pris par le gouvernement, les
Chambres et les sociétés d'éducation populaire de travailler au plein épanouissement de toutes les puissances
de la démocratie par la science et par la liberté. Ce sera
là un nouveau service que ce penseur, cet artiste, ce citoyen
aura rendu à la République.

« Une pensée qui illumine l'existence, voilà le meilleur
don que les cieux puissent faire à l'homme ». Cette prière
discrète de Quinet paraît avoir été entendue et jamais
homme plus que lui, semble-t-il, ne jouit de ce bienfait
divin. Personne plus que lui dans une œuvre immense et
diverse n'apporta plus de constance fidèle et d'ardent
enthousiasme pour ses idées. Jamais existence ne fut plus
clairement illuminée et plus chaudement inspirée par une
grande pensée qui se trouve fièrement exprimée dans
cette page finale des *Révolutions d'Italie*. Elle peut servir de conclusion à cette rapide étude car elle exprime
admirablement la physionomie de cet héroïque citoyen,
aussi grande et plus touchante que celle de ces stoïciens
qui mouraient pour la liberté :
« Le banni est celui qui, dans son champ paternel, à

son foyer, se sent proscrit par la conscience des hommes de bien.

« Mais toi, tu habites avec le droit. Partout où tu es, si tu restes fidèle à toi-même, tu es dans le pays de ton père. Ils ne t'enlèveront pas la cité de la conscience. Réchauffe-toi à la flamme de la justice ; te croiras-tu alors absent de ton foyer ?

« Si la patrie se meurt, deviens toi-même l'idéal de la nouvelle patrie. Pour refaire un monde, que faut-il ? Un grain de sable, un point fixe, pur, lumineux. Travaille à devenir ce point incorruptible.

« Sois une conscience. Un nouvel univers n'attend pour se former que de rencontrer dans le vide des cieux déserts un atome moral. »

Imprimerie de Suresnes (E. Payen, adm'). 9, rue du Pont. — 7221

BIBLIOTHÈQUE RÉPUBLICAINE

La Congrégation, par Henri Brisson, 1 volume de 550 pages, prix . . . . 3 fr. 50

L'Éducation de la Démocratie française, par Léon Bourgeois. 1 volume de 300 pages, prix . . . . 2 fr. »

Pour l'Université républicaine, par Maurice Faure. 1 volume de 200 pages, prix . . . . 2 fr. »

Pour la Liberté de Conscience, conférences populaires, par MM. Ballaguy, Bouglé, Darlu, Lottin et Rayot. 1 volume, prix . . . . 2 fr. »

La Liberté d'Enseignement (Histoire et Doctrine), par Émile Bourgeois. 1 volume broché, prix . . . . 2 fr. »

La Loi Falloux : le Cléricalisme et l'École, par A. Huc. 1 volume de 350 pages, prix . . . . 2 fr. »

Pour la Raison, par Paul Lapie. 1 volume, prix . 2 fr. »

Pour l'École laïque, par B. Jacob. Conférences populaires, avec une préface de M. Ferdinand Buisson, 2ᵉ édition. 1 volume, prix . . . . 1 fr. »

Vie spirituelle et Action sociale, par C. Bouglé. 1 volume, prix . . . . 1 fr. »

L'Université de Demain, par J. Delvaille, avec une préface de M. H. Brisson. 1 volume, prix . . . . . . 1 fr. »

L'École républicaine et le Patronage féminin, par Ferdinand-Dreyfus. 1 volume, prix . . . . 1 fr. »

Pour l'Armée Républicaine, par ***. 1 volume, prix . . . . 0 fr. 60; *franco* 0 fr. 75

La Déclaration des Droits de l'Homme et du Citoyen, par MM. Léon Bourgeois et Albert Métin, prix. 0 fr. 40 *franco* . . . . 0 fr. 50

La France sous la Troisième République, par A. Delpech et G. Lamy, prix . . . . 0 fr. 50

Édouard CORNÉLY, Éditeur, 101, rue de Vaugirard, Paris